Momente des Lichts –
lichtvolle Lyrik

BOOKS on DEMAND

Christina Stöger

Momente des Lichts –
lichtvolle Lyrik

FSC
www.fsc.org
MIX
Papier aus ver-
antwortungsvollen
Quellen
Paper from
responsible sources
FSC® C105338

Bibliografische Information der Deutschen Nationalbibliothek:
Die Deutsche Nationalbibliothek verzeichnet diese Publikation in der Deutschen Nationalbibliografie; detaillierte bibliografische Daten sind im Internet über http://dnb.dnb.de abrufbar.

© *2015 Christina Stöger*

Bilder und Text: **Christina Stöger**
Cover: **Dennis E. Wilken**
Lektorat: **Christiane Bößel**

Herstellung und Verlag: BoD – Books on Demand, Norderstedt

ISBN: 978-3-7392-0402-4

Inhaltsverzeichnis

... weitere Bücher

Dieses Licht

Und wenn du nur denkst,
es geht nicht wirklich schlimmer
und du sitzt nur noch zweifelnd
in deinem kleinen Zimmer.

Dann sollte doch jetzt endlich
bald dieses Lichtlein kommen,
denn ich habe oft
schon von ihm vernommen.

Das kleine Licht der Hoffnung,
Wo ist es denn jetzt nur?
Denn weit und breit seh' ich
von ihm noch keine Spur.

Alles ist so grau in grau
und nichts scheint hier mehr bunt.
Sag mir doch zum Geier,
was ist bloß der Grund?

So sitz ich hier und warte
auf dieses kleine Licht -
das irgendwann schon kommt
und weise zu mir spricht ...

Zugfahrt des Lebens

Wie eine Zugfahrt ist das Leben.
Manche fahren mit dir mit.
Würden für dich alles geben,
begleiten dich auf Schritt und Tritt.

Doch manchmal steigen sie dann um
und verlassen deinen Zug -
ganz schockiert schaust du herum.
Ist das nun traurig oder gut?

Doch jeder der dich so verlässt,
macht Platz für einen neuen Gast -
manchmal ist das nur ein Test.
Ganz egal, ob dir das passt.

Haltestellen gibt es viele
auf deiner Reise durch die Zeit
und auch eine Menge Ziele,
ob allein oder zu zweit.

Wenn du aus dem Fenster schaust,
siehst du Sonne oder Regen -
wie die Welt vorüber saust
oder Spinnen Netze weben.

Manchmal geht es ganz schön schnell
oder die Zeit hält einfach an.
Mal ist es dunkel oder hell
nichts, was man selber ändern kann.

Lehn dich zurück, genieß die Fahrt.
Mal dir die Zugfahrt bunt.
Dann ist das Leben nicht so hart -
denn alles hat wohl einen Grund.

Himmel voller Sterne

Klarer Himmel voller Sterne.
Die Nacht wird wieder bitterkalt.
Ich träume mich nun in die Ferne,
der Klang der Kirchenglocken hallt.

Und als die Sonne unterging,
wärmte mich das Kerzenlicht.
Der halbe Mond am Himmel hing,
dunkle Schatten im Gesicht.

In den Träumen lebt ein Monster,
bringt mich fast um den Verstand.
Setzt sich gegen mich zur Wehr
schleppt mich in sein dunkles Land.

In den Wänden und den Decken
lauert es und wartet still,
nicht von jedem zu entdecken -
macht es, was es machen will.

Durch die ersten Morgenstrahlen
wird es sich wie Nebel lösen.
Die Sonne lindert meine Qualen,
befreit mich wieder von dem Bösen.

Doch es bleibt von ihm ein Stück -
auch bei hellem Tageslicht.
Zieht sich niemals ganz zurück.
Ein Schatten bleibt auf dem Gesicht.

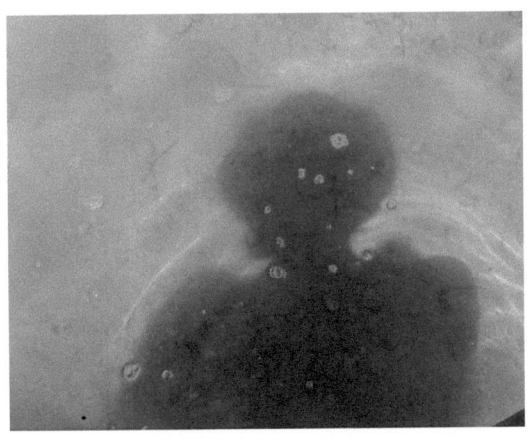

Der Spaziergang

Ein Spaziergang Hand in Hand
über Wiesen oder Felder -
einfach so durch Stadt und Land
oder durch die Wälder.

Die Natur mal so erkunden,
bunte Blätter an den Bäumen,
einen kleinen See umrunden,
ist fast wie in Märchenträumen.

Einfach mal die Kiste aus
und den Kopf dann frei bekommen.
Nicht vergraben - geh hinaus.
Wie schnell ist ein Tag verronnen.

Ob die Sonne für dich scheint,
ist dabei doch gar nicht wichtig.
Oder ob der Himmel weint -
glücklich sein, das wäre richtig.

Früher ging das alles auch,
da gab es Handy oder Laptop nicht.
Da handelten wir noch aus dem Bauch
und schauten uns dabei ins G'sicht.

Ist das jetzt wirklich Freiheit pur?
Oder doch eher wie ein Knast?
Wohin führt uns diese Spur?
Ob uns das alles auch so passt?

Doch es liegt in unserer Hand!
Drum sollten wir spazieren gehen.
Einfach so durch Stadt und Land -
um alles besser zu verstehen.

Der Regenschirm

Unter einem Regenschirm
wird man gar nicht nass.
Trocken bleibt dabei das Hirn
und so macht es auch noch Spaß.

Durch die graue Welt zu gehen
unter einem bunten Dach,
so kann man die Tropfen sehen.
Wow, sie machen ganz schön Krach.

Tropf, tropf, tropf - ertönt es munter.
Es klingt fast wie ein Lied so schön.
So fallen sie vom Himmel runter.
Kannst du die Melodie verstehen?

Ein kleiner Gruß vom Himmelszelt -
hör doch mal genauer hin.
Wie so ein kleiner Tropfen fällt -
dann macht der Regen wirklich Sinn.

So tanze zu der Melodie beschwingt -
dreh dich lustig hin und her.
Weil die ganze Welt dann singt.
So fällt das Leben nicht so schwer.

Tausend Bücher

Tausend Bücher kann ich sehen,
die in den Regalen stehen.
Buntes Cover und Design -
wundervoll ist hier der Schein.

Jeden Tag ein neues Buch,
das das Licht der Welt erblickt
und als E-book noch dazu,
wenn man auf den Button klickt.

So viel Leser tauchen ein,
in die bunte Bücherwelt.
Lesen alles - hier und da
manches auch, was nicht gefällt.

Warum soll man dann noch schreiben?
Wenn es alles doch schon gibt?
Fantasy - mit einem Wesen
das mal hasst oder auch liebt.

Erotikszenen überall -
in den Büchern gern erzählt.
Oder auch 'nen Thrillerpart,
der das Opfer auch noch quält.

Ja, so ist die Bücherwelt -
schillernd bunt und wunderschön.
Tausend Bücher - hier und da,
hab ich heute schon gesehen.

Stumme Tränen

Stumme Tränen im Gesicht,
so viel Wasser auf der Haut.
Sieh die Welle, wie sie bricht -
das Gefühl ist mir vertraut.

All die hohen Wellen hier
vom wilden Sturm getrieben -
und ich weiß, ganz tief in mir,
ist nicht viel geblieben.

Ein greller Blitz - ein Himmelsschmerz,
ein lauter Donner - wie ein Schrei.
Es zerreißt mir fast mein Herz
und ich wünschte, ich wäre frei.

Würde dann auf Wellen reiten
mit den Wolken weiterziehen -
meine Seele würd' mich leiten -
würde vor mir selber fliehen.

Doch so einfach ist das nicht.
Drum wart ich auf den Sonnenstrahl.
Mit den Tränen im Gesicht.
Er wird sie lindern, meine Qual.

Ich stehe hier und schau mich um,
blicke einfach so um mich herum.
Ich sehe Schafe, grüne Weiden,
doch ich kann mich nicht entscheiden -

welchen Weg ich wählen soll.
Alles scheint so wundervoll.
Die Sonne scheint, der Himmel blau
und ich weiß noch nicht genau -

was ich will und wer ich bin.
Was ist im Leben denn der Sinn?
So steh' ich hier und frage mich -
was ist der Sinn denn bloß für dich?

Die Schafe grasen, alles stumm,
so steh ich weiter dumm herum.
Genieß nur diesen Augenblick
und geh nach vorne - nicht zurück.

Gehst du mit mir den Weg dort lang?
An meiner Seite - ohne Zwang?
Auf der Suche nach dem Sinn -
einfach gehen - egal wohin ...

Neue Wege will ich gehen,
ganz egal, wohin das führt -
einfach mal was anderes sehen.
Weil's an meiner Seele rührt.

Neue Dinge will ich sehen
mit dem Herzen und Verstand.
Viele Winde werden wehen,
auch das hab ich schon erkannt.

Doch Veränderung ist wichtig,
nur der Stillstand schadet sehr.
Ob es falsch ist oder richtig -
das zu lernen, fällt oft schwer.

Ich tret' hinaus und schau mich um,
was passiert, das seh' ich dann -
singend, lachend, manchmal stumm
mein Zeil erreich ich - irgendwann.

Graue Farben

Manchmal ist das Leben grau,
und manches Mal so voller Farben.
Manche Taten sind echt schlau,
doch oft will man sich nur vergraben.

Auf und ab geht es im Leben -
wie auf einer Achterbahn.
Manchmal stolpern oder schweben -
oftmals auch ganz ohne Plan.

Nicht immer geht's, wie man es will.
Dann ist der Abgrund greifbar nah.
Die Welt wirkt dann so schrecklich still -
und wahre Freunde scheinen rar.

Doch plötzlich reißt der Himmel auf
und ein Lichtstrahl schießt hernieder.
Das Schicksal nimmt dann seinen Lauf
und die Erde dreht sich wieder.

Glaube an dich

Es gibt so Tage im Leben,
da hat man wirklich alles gegeben.
Der Kopf ist einfach nur noch leer,
sogar das Denken fällt sehr schwer.

Man kann dann nicht mehr weiter gehen,
das Leben scheint grad still zu stehen.
Der Berg vor einem scheint so groß.
»Wie schaff ich diesen denn jetzt bloß«?

Alles schaut so dunkel aus,
man findet keinen Weg hinaus.
Man will dann einfach nur noch weg -
das alles hat doch keinen Zweck.

Man fühlt sich winzig und so klein,
ist dann einfach nur allein.
Ich will dir eines dazu sagen,
auf deine tausend stummen Fragen.

Bleib nicht steh'n auf deinem Weg,
weil es immer weiter geht.
Du kannst eh nicht mehr zurück,
denn in der Zukunft liegt dein Glück.

Der Nebel lichtet sich schon irgendwann
und was passiert, das siehst du dann.
Es wird neue Wege geben,
denn es geht weiter, dieses Leben.

Sie werden rauf und wieder runter führen,
wohin du musst, wirst du dann spüren.
Du bist in deinem Leben nie allein,
die Kraft wird immer in dir sein.

Auch Menschen werden dich begleiten -
in guten wie in schlechten Zeiten.
Lerne auch mal loszulassen,
dann kannst du wieder Neues schaffen.

Erkenne, was dir wichtig ist,
wer du als Mensch denn wirklich bist.
Dafür hast du ein Leben Zeit
doch nutz die Chance und sei bereit.

Öffne dein Herz und deine Augen,
lerne an dich selbst zu glauben.
Ich weiß, dass das nicht einfach scheint,
und dass man dabei sehr oft weint.

Doch sind die Tränen dabei wichtig,
und sie zu weinen ist auch richtig.
Und denke einfach nur daran,
das alles sich auch ändern kann.

Selbst wenn du einsam bist
und das in deinem Herzen frisst,
bist du niemals ganz allein,
ein Engel wird immer bei dir sein.

Das ist die Kraft, die in dir ist.
Ich hoffe, dass du nie vergisst!
Mit dieser Kraft wirst du geboren -
die hast du auch noch nie verloren.

Sie führt dich durch dein ganzes Leben,
sie wird dir immer Hilfe geben.
Glaube nur ganz fest an dich!
Das hilft im Leben sicherlich.

Wenn der Regen fällt

Wenn der Regen leise fällt
und du im Herzen traurig bist,
weil du wieder einmal glaubst,
dass die Welt dich heut vergisst ...

... dann gib nicht auf
und glaub an dich!
Denn ohne DICH
da geht es nicht!

Denk nur immer wieder dran
und sei stark, mein liebend Herz -
denn irgendwann, so glaube mir -
verfliegt der schlimme Schmerz.

Ein kleines Stück

Vom großen Glück
ein kleines Stück -
gestohlen, geraubt
es hätte keiner geglaubt.

Ein Café am Fluss -
oh, was ein Genuss -
in der Sonne zu ruhen
und gar nix zu tun.

Keine Gedanken zu haben,
nicht schwer zu klagen,
die Stille zu teilen
und hier zu verweilen.

Liebe pur

Egal, was ich auch mache,
du begleitest mich.
Wenn ich glücklich lache,
denk ich nur an dich.

Bin ich mal traurig,
bist du bei mir -
in meinen Gedanken
bist du immer hier.

Als wahrer Engel -
so wachst du über mich.
Bin ich zu schnell,
dann spür ich dich.

»Mach langsam«,
das sind dann deine Worte,
es gibt kaum Menschen
von deiner Sorte.

Und meine Flügel breite ich
mit meiner ganzen Liebe
nun auch über dich.
Selbst wenn ich dabei fliege.

Berühren sich dabei
auch unsere Seelen nur –
liebst du mich wirklich sehr
und das ist Liebe pur.

Menschlichkeit

Was ist denn Menschlichkeit
in unserer großen Welt?
Diese schwere Frage
wurde hier gestellt.

Ich fang da einfach mal
in unser aller Alltag an,
weil jeder von uns Menschen
auch da was machen kann.

Es wäre wirklich schön,
ein Lächeln mal zu schenken
und nicht immerzu
nur an sich selber denken.

Einem Fremden oder Freund
seine offene Hand zu reichen
und vor den Problemen
nicht einfach so zurückzuweichen.

Seine gegebenen Versprechen
auch wirklich einzuhalten
und vielleicht mal einen schönen Tag
für jemand anderes zu gestalten.

Das alles nennt man auch
Engagement in unserem Leben.
Und so viel echte Hilfe
sollt es zwischen allen Menschen geben.

Einen Mensch nur so zu nehmen,
so wie er wirklich ist
und seine Herzensmelodie zu singen,
wenn er sie mal vergisst.

Wahre Wertschätzung einer Seele
ist dabei auch wichtig,
denn jeder Mensch, ob groß ob klein
ist einfach ganz genau so richtig,

wie er sein Leben lebt.
Ob er zweifelt oder lacht,
ob er stolpert oder schwebt.
und auch mal einen Fehler macht.

Diese Dinge sind im Alltag
doch überall zu finden.
Öffnet eure Augen
beginnt die Mauern zu überwinden.

Amor

In unserer heutigen Zeit
glaubt keiner mehr daran,
doch scheint es ihn zu geben
den kleinen, lieben Mann.

Flügel trägt er auf dem Rücken,
fliegt damit von Mann zu Frau -
sie spüren manchmal seinen Pfeil
das sieht man dann genau.

Der Pfeil vom Bogen abgeschossen
verfehlt sehr selten doch sein Ziel.
Wenn zwei Seelen zueinander finden -
so ist für ihn das Liebesspiel.

Amor nennt der kleine Engel sich,
für ihn ist jede Liebe ein Gewinn -
wenn zwei Herzen sich verbinden,
dann hat sein Tun auch einen Sinn.

Denn jede Liebe mit Bestand
gibt seinem Bogen neue Kraft -
er gibt die Hoffnung niemals auf,
dass er es immer wieder schafft.

Drum öffnet nur ein kleines Stück
eure Herzen und die Augen -
und fangt einfach mal wieder an
an Engel Amor auch zu glauben.

Mein Kampf um dich

Gekämpft hab ich so lange Zeit,
für unser beider Zweisamkeit.
Verletzt hab ich dich wohl zu tief,
als ich nach meiner Freiheit rief.

Nun willst du mich nicht mehr sehn,
willst deinen Weg alleine gehen.
Verstehen kann ich dich ja gut,
aus Liebe wurde Hass und Wut.

Doch was soll ich jetzt nur machen?
Ich will endlich wieder lachen.
Tränen fließen bei mir jeden Tag,
weil ich dich noch immer mag.

Mein Herz das blutet, schreit nach dir,
warum kommst du nicht zurück zu mir?
Ich will dir meine Liebe schenken,
und nicht immerzu nur an dich denken.

So viele Dinge will ich dich fragen,
so viele Dinge will ich dir sagen.
Doch willst du mich nicht einmal hören,
ich soll dich besser nicht mehr stören.

Gibt es denn keine Zukunft mehr?
Mein Engel, ich vermisse dich so sehr.
Dann sag es mir in mein Gesicht,
vorher verlässt mein Herz das deine nicht.

Ein neuer Tag

Ein neuer Tag ist uns gegeben,
lasst uns lachen, singen, LEBEN!
Die Sonne heut' einfach genießen,
fröhlich bunte Fotos schießen.

Musik hören, lauthals singen
zum Takt dabei die Hüften schwingen.
Kaffee trinken, auch mal chillen -
Dinge tun, nach eig'nem Willen,

LEBEN heißt das Zauberwort -
wo du auch bist, an welchem Ort.
Das Glück wohnt dabei tief in Dir -
lass es raus und glaube mir.

Tu es einfach, warte nicht!
Mal dir ein Lächeln ins Gesicht -
schenk es weiter, du wirst sehen
wie Sorgen bald im Wind verwehen.

Farben

Mal die Welt in deinen Farben -
farbig, bunt und wunderschön.
Denn ich will dir einfach sagen,
sie sind überall zu sehen.

Rot und grün und gelb und blau -
schau doch mal genauer hin.
Nicht alles ist nur trübes Grau -
die Farben haben einen Sinn.

Das kleine gelbe Blümchen dort,
das hier am Wegrand steht -
träum dich an einen bunten Ort
an dem ein laues Lüftchen weht.

Das Meer in seiner Farbenpracht -
hast du jemals schon erlebt?
Der helle Mond in dunkler Nacht -
wenn ein Stern zur Erde schwebt.

Der pinke Fisch im kühlen Nass,
der kleine Vogel auf dem Baum -
das macht einen großen Spaß
es ist nicht nur ein Traum.

Alles das und noch viel mehr
macht die Erde bunt und toll!
Ich liebe diese Farben sehr –
die Welt ist wirklich wundervoll!

Die Summe unserer Erfahrungen

Wenn ich könnte wie ich wollte,
würde ich die Zeit verdrehen.
Dann würde ich vielleicht
ganz andere Wege gehen.

Vielleicht doch eher den linken Weg -
doch wohin hätt' er geführt?
Wäre ich ihn so gegangen,
dann hätte ich's gespürt.

Hätte ich dann Fehler
gemacht oder auch nicht?
Wär' es dieser Weg gewesen,
der das Genick mir bricht?

All das werde ich nie erfahren,
denn die Kreuzung liegt nun hinter mir.
Diesen Weg bin ich nicht gegangen,
drum bin ich jetzt auch hier.

An diesem einen Platz
an diesem Ort der Welt,
auch wenn mir diese Gegend
nicht immer gut gefällt.

Doch mit erhobenem Haupt
werde ich nun weiter gehen.
Die Richtung ist nicht wichtig,
nur eines kann ich nicht - hier stehen.

D'rum ist's egal, was wäre wenn,
weil man es nicht wissen kann.
D'rum kann man hier und jetzt
auch nichts mehr ändern dran.

Dann wäre man nicht wie man ist
und da wo man jetzt steht -
weil das Leben einfach so
immer weiter geht.

Eines Tages

Eines Tages flieg ich davon!
Davon träume ich schon
so lange Zeit.
So hoch und auch so weit.

Eines Tages werde ich Flügel haben
und sie werden mich dann tragen,
hoch hinauf zu den Wolkentürmen.
Tanzen werde ich in wilden Stürmen.

Wie ein Blatt im warmen Sommerwind,
dahin wo die Träume sind,
werde ich eines Tages fliegen.
Und ich weiß - ich werd' es lieben.

Vielleicht werde ich auch Engel sehen
und ihr Lachen dann verstehen,
wenn sie glücklich sind
wie ich es war, als kleines Kind.

Und dann werde ich schweben,
verlasse dann mein altes Leben.
Meine Seele und mein Herz,
befreit von allem Schmerz.

Ich sehne diesen Tag herbei,
dann bin ich endlich frei.
Doch bis dahin bleib ich da.
Wann wird dieser Traum nur wahr?

Leben leben

Leben und leben lassen -
besser lieben und nicht hassen.
Fröhlich lachen und nicht weinen -
Wunder sehen - auch im Kleinen.

Tanzen, fliegen und auch singen -
das eigene Herz zum Schwingen bringen.
Nicht nur rennen auch mal ruhen -
und sich selber Gutes tun.

Nicht nur Motzen oder Jammern -
an der Vergangenheit festklammern -
sondern aufrecht weitergehen
und dem Glück ins Auge sehen.

All das macht das Leben toll,
denn du bist
einzigartig wundervoll!

Ich bin frei

Ich bin glücklich,
denn ich bin frei!
Was andere sagen,
geht mir sonst wo vorbei!

Mein Leben bestimme
nur noch ich!
Ein Wunder? Nein!
Denn es betrifft ja nur mich!

Geboren bin ich,
um glücklich zu sein.
Mein Leben,
das gehört nur mir allein!

Momente genießen,
nach vorne schauen
und auch mal in Gedanken
Traumschlösser bauen.

Alles zu tun,
was Freude mir bringt,
nichts zu machen,
wozu man mich zwingt.

Und jedem Tag
ein Lächeln zu schenken,
nicht mehr nur an die
Vergangenheit denken!

Und wenn das auch alles
nicht immer geht,
weil mir wieder einmal jemand
im Wege rumsteht,

dann mach ich weiter
und gebe nicht auf!
Für meine Freiheit
nehme ich das alles in Kauf!

Bunte Farbenpracht

Mit wunderschönen, bunten Farben
malt die Natur mit ganzer Macht,
es sind des Himmels reine Gaben,
erstrahlen hier in ganzer Pracht.

Der Vollmond dort am Horizont
scheint hernieder auf die Welt -
zeigt uns, dass sich Leben lohnt,
dass jeder Augenblick auch zählt.

Glaub an dich und deine Kraft,
erhelle wie der Mond die Herzen -
und wenn du das manchmal nicht schaffst
entzünde doch das Licht der Kerzen.

Sei das Licht in dunkler Zeit -
lern zu leuchten und zu strahlen.
Sende deine Liebe weit -
linder somit Seelenqualen.

Schließ deine Augen

Schließe für einen Moment
deine schmerzenden Augen -
dann sag deinen Wunsch
und lerne zu glauben,

dass alles kommt
zur rechten Zeit,
scheint dein Weg
auch manchmal weit.

Schließ deine Augen
und glaube an daran,
dass sich im Leben
alles ändern kann,

wenn es für uns
dann richtig ist.
D'rum hoff ich,
dass du nie vergisst:

Die Kraft,
sie ist ganz tief in dir!
Schließ deine Augen
und glaube mir.

Sei das Licht
und erhell den Moment,
entzünde das Feuer,
das tief in dir brennt.

Jetzt öffne die Augen
und lächle dabei
und fühle dich glücklich,
geliebt und auch frei

Lasse die Ängste
und Zweifel nun gehen,
öffne die Augen
und lerne zu sehen.

Blaues Meer

Das Meer so blau,
so grün der Fluss -
der Wind ganz sanft
wie ein zärtlicher Kuss.

Weiße Wölkchen,
wunderschön
kann ich hier
vereinzelt sehen.

Sonnenstrahlen hüllen mich
in ihre Liebe ein -
und dringen dabei tief
in mein Herz hinein.

Ein Moment der Ruhe
erfüllt von wahrem Glück -
und tief in mir da bleibt
davon ein großes Stück.

Altes

Altes endlich abzulegen
und sich dabei mal selbst zu pflegen.
Gut zu deinem Herz zu sein
bei einem Kaffee oder Wein.

Das Leben in die Hand zu nehmen
und Altes dafür aufzugeben.
Neue Wege zu beschreiten -
Freunde sollen dich begleiten.

Manche kommen, andere gehen
doch wahre werden zu dir stehen.
Alles das ist nicht sehr leicht,
weil das Alte ungern weicht.

Doch die Sicht auch mal zu drehen,
um manches besser zu verstehen.
Sich nicht immer aufzuregen,
fröhlich lächeln - auch bei Regen.

Dinge einfach anders machen,
es gibt so viele schöne Sachen.
Die Zeit ist reif, d'rum geh es an -
was passiert, das siehst du dann.

Grüße von einem Schwan

Ein großer weißer Schwan,
so stolz und wunderschön,
den habe ich heute Morgen
an einem See gesehen.

Da sagte ich zu ihm:
»Hallo du schöner Schwan«,
als er immer näher
und noch näher kam.

Laut schnatternd lief er dann
schimpfend auf mich zu:
»Was willst du Mensch von mir?
Störst mich in meiner Ruh'«.

»Das tut mir wirklich Leid,
ich werd' gleich weitergehen
doch es war echt schön,
dich hier am See zu sehen.«

»Oh, das ist aber nett,
da freu ich mich doch sehr
und zu verzeihen fällt
mir nun auch nicht mehr schwer.

Doch etwas kannst du doch
wenn du es willst noch machen -
ach Mensch, ich höre schon
dein freuderfülltes Lachen,

kennst du 'nen wahren Freund,
dann sag ihm einen Gruß
weil man solche Menschen
öfter schätzen muss.

Als Schwan verstehen mich
die Menschen einfach nicht,
sie haben auf die Dinge
oft eine andere Sicht.

Doch die, die mit dem Herzen
fühlen und auch sehen,
die können meine Sprache
manchmal schon verstehen.«

»Lieber Schwan, ich denke,
solche Menschen kenne ich
und ich grüße sie
von dir ganz sicherlich.«

Dann breitete er ganz elegant
nun seine Schwingen aus -
und wie von ihm verzaubert
ging ich schnell nach Haus.

Will halten mein Versprechen,
und grüße euch vom Schwan -
von diesem stolzen Tier,
das mir entgegen kam.

Herbstfarben

Mit seinem flinken Pinsel
malt der Herbst schon munter
und die ganze graue Welt
wird dadurch immer bunter.

Die Blätter schimmern wunderschön
rot, orange oder auch gold.
Genau so und nicht anders
hat die Natur das auch gewollt.

Spinnen weben fleißig
ihre feinen Netze
und Regentropfen glitzern
darin wie kleine Schätze.

Die kleinen Wunder machen
diese Welt so zauberhaft,
und schenken uns an jedem Tag
ihre ganze Kraft.

Tausend Elfenkinder tanzen
ihren schönen Reigen,
und wollen uns dabei
ihre Wunder zeigen.

So schau auch heute selig
auf die kleinen Dinge.
Lache dabei glücklich,
tanze fröhlich, pfeife, singe.

Öffne dein Herz für alle Menschen -
verschenke hier und da ein liebes Wort.
Dann ziehen all die grauen Nebel
ganz von alleine fort.

Blume in der Nacht

Diese Blume in der Nacht
habe ich dir heut mitgebracht.
Sie leuchtet für dich wunderschön -
kannst du ihr Strahlen sehen?

Das Licht soll scheinen tief in dir,
drum schenke ich die Blume hier.
Ein Licht in tiefer, dunkler Nacht -
so habe ich an dich gedacht.

Im Himmel

Wenn in einer klaren Winternacht
tausend Sterne am Himmel stehen,
blicke ich sehr gern hinauf
und kann auch deinen blinken sehen.

Ich hoffe sehr, es geht dir gut,
da wo du jetzt bist.
Ich habe dich auf Erden
schon schrecklich oft vermisst.

Ich stelle mir dann gern die Frage,
was du da oben machst,
ob du richtig glücklich bist
und auch keine Schmerzen hast.

Läufst du jetzt lachend
über bunte Blumenwiesen
und fühlst das nasse Gras
unter deinen nackten Füßen?

Schwimmst du lächelnd
durch klare Vollmondseen?
Und tanzt munter Ringelrein
mit rosa Märchenfeen?

Kannst du den süßen
Klang der Harfen hören?
Und singst du auch mit
bei zarten Engelschören?

Malst du schwungvoll Wolkenherzen
an den klaren Sommerhimmel?
Und reitest jubelnd nun am Strand
auf einem großen Schimmel?

Spielst du vielleicht auch Fangen
mit dem hellen Sonnenlicht,
das sich dann für mich
durch die dunklen Wolken bricht?

Zauberst du mit flinkem Pinsel
und mit tausend bunten Farben
den traumhaft schönen Sonnenuntergang
an jenem Winterabend?

Denn ganz genauso stell' ich mir
den Ort in deinem Himmel vor.
Den einen schönen Platz,
an den ich dich zu früh verlor.

Und so hoffe ich ganz stark,
du wartest dort auf mich,
denn mein lieber Engel,
so sehr vermiss' ich dich.

Und wenn ich irgendwann
dann wieder bei dir bin,
dann hat das alles hier für mich
auch endlich einen Sinn.

Dann wirst du deine Flügel
sanft um meine Schultern legen
und mir mit deiner Art
endlich wieder Wärme geben.

Und bis dahin bleib ich hier -
schaue zu den Wintersternen,
denn ich weiß doch ganz genau
ich muss noch so viel lernen.

Schneeflocken

Schneeflocken tanzen ihren Reigen
durch die Luft sehe ich sie fliegen,
nach einiger Zeit bleiben sie
auf Bäumen und auf Sträuchern liegen.

Durch die Straßen oder Gassen
zieht ein ganz besonderer Duft,
warmer Holzgeruch aus dem Kamin
liegt in der kalten Winterluft.

Den frisch gefallenen Schnee
kann ich unter meinen Schuhen spüren.
Tausend Spuren kann ich sehen,
die durch diese Landschaft führen.

Im Lichte der Laterne
habe ich die Flocken tanzen sehen.
Die Welt versinkt in reinem Weiß -
es ist Zeit, nach Hause zu gehen

Dummes Herz

Ach, soll ich dir nun schreiben
oder vielleicht doch lieber nicht?
Wirst du in meinem Herzen bleiben
oder der sein, der es bricht?

Nur auf mein wirklich dummes Herz
sollt ich jetzt einfach hören,
doch da ist dieser schlimme Schmerz,
es langsam zu zerstören.

Ach, warum ist all das nur
für mich so schrecklich schwer?
Von einer Lösung keine Spur -
mein Kopf ist einfach leer.

Denn meine Liebe möchte ich
dir nicht einfach zeigen.
Denn da käme dann von dir
ein ganz ganz stilles Schweigen.

Ganz egal, was ich auch mache -
all das ist nicht richtig.
Ob ich schreie oder lache -
ist dabei nicht wichtig.

So mache ich einfach weiter ...
Denke still nur noch an dich -
ob nun traurig oder heiter -
denkst du auch einmal an mich?

Kalte Winternacht

In einer kalten Winternacht
als kein Stern am Himmel stand,
habe ich an dich gedachte
und träumte mich an unseren Strand.

Ich würde dann zum Himmel schauen,
mit Tränen in den Augen.
Ich würde uns ne Sandburg bauen
und an ein Wunder glauben.

Wir beide liefen Hand in Hand
und zeigten unser Glück -
gemeinsam durch den warmen Sand
und kehrten nie zurück.

In dieser einen kalten Nacht,
als ich an meinem Fenster stand,
da strich der Wind ganz sanft
durch mein Haar wie eine Hand.

»Sei nicht traurig Engelskind,
ich bin doch nah bei dir«,
flüsterte mir zu der Wind -
ich spürte, du warst hier.

Ein Lächeln trat auf mein Gesicht
die Tränen standen still -
weil du in meinem Herzen sprichst,
wenn ich es wirklich will.

In einer Nacht - so glaube mir,
dann wird es soweit sein -
ein Engel bringt mich dann zu dir,
dann ist keiner mehr allein.

Die Liebe ist ...

... wie ein Tanz der Seelen.
Man bewegt sich
zum Rhythmus
der Melodie des Herzens.

Der gleiche Takt,
der gleiche Sound
und der Tanz
wird zum Genuss.

- zu reinem Vergnügen

Einen Schritt vor,
zwei zurück
und dann
eine Drehung.

Der Tanz der Seelen,
mal zart und leise
oder wild
und leidenschaftlich.

- doch immer nah am Abgrund.

Ein Tanz auf einem Seil
immer kurz davor,
tief zu fallen
und sich zu verlieren.

Doch man hält sich
an den Händen
und lässt einander
nicht mehr los.

- hält sich aneinander fest.

Ein Blick in die Augen,
ein Blick ins Herz
die Knie weich,
es schlägt so schnell.

Die Flammen lodern -
brennen hell,
erleuchten
die Dunkelheit.

- wie Sterne in der Nacht.

Ohne doppelten Boden,
ohne Sicherheit,
doch aufregend
und wunderschön.

So ist der Tanz
der Seelen
zur Melodie
der Herzen.

- so ist die Liebe.

Die Tränen eines Engels

Die Tränen eines Engels -
ich kann sie fließen sehen.
Und seinen tiefen Schmerz
kann ich sehr gut verstehen.

Er weint nun über Neid und Hass
und über Herzen, die nicht lieben.
Seine Flügel sind gebrochen,
er kann so nicht mehr fliegen.

So sitzt er dort auf dieser Bank
und kann nun nicht mehr strahlen.
Tiefe Schwärze hüllt ihn ein -
so schlimm sind seine Qualen.

Ich setze mich jetzt neben ihn
und halte seine Hand.
Was dieser Engel wirklich braucht,
hab ich sehr wohl erkannt.

Ein Lächeln schenkt er mir dafür -
ich lass ihn sein, wie er es will.
Und der Moment gehört nur uns
ich schweige stumm und still.

Und plötzlich richtet er sich auf,
das Licht kehrt langsam doch zurück.
Und seine Flügel strahlen hell,
sein großes Herz scheint voller Glück.

Noch einmal lächelt er mir zu
und fliegt dann hoch und weit.
Er trägt die Liebe in die Welt,
oh, lieber Engel, es wird Zeit.

Bilder, die bleiben

Bilder, die bleiben
ganz tief in dir drin -
Momente, die zeigen
es hat alles 'nen Sinn.

Träume, die fliegen,
so hoch und so weit -
Herzen, die siegen,
zu allem bereit.

Träume, die schweben
durch finstere Nacht,
können vieles dir geben
haben so manches gebracht.

Herzen, die schlagen
zur gleichen Zeit,
keine Sorgen, die plagen
kein Weg ist zu weit.

Tanzen der Seelen,
so glücklich und frei.
Was immer wir wählen -
bist du dabei?

Mein Engel auf deiner Schulter

Ich will dir einen Engel schicken
der immer auf dich achten soll.
Im Mondlicht wirst du sie erblicken
geht es dir mal nicht so toll.

Spielt dir dein Körper einen Streich
oder hast du starke Schmerzen,
bist du im Gesicht ganz bleich,
hast ein Ziehen in deinem Herzen.

Dann soll mein Engel bei dir sein -
heilen kann er dich leider nicht.
Doch bist du nicht mehr so allein -
zaubert er ein Lächeln in dein Gesicht.

Einen Strauß voll Energie trägt er bei sich
die Farben bunt und wunderschön -
alle Blüten nur für dich.
Kannst du meinen Engel sehen?

Auf deiner Schulter, da soll er sitzen
stark und zart zugleich.
In dunkeln Nächten soll er dich schützen,
seine Federn sind ganz weich.

Sanft streicht er über dein Gesicht,
will dir die Sorgen nehmen.
Seine Flügel glitzern hell im Kerzenlicht,
du brauchst dich nicht zu schämen.

Diesen Engel schick ich dir –
in deinem Traum soll Liebe sein.
Bitte, bitte glaube mir,
deine Sorgen trägst du nicht allein.

Goldene Blätter

Goldene Blätter tanzen sanft
ihren bunten Reigen.
Ich stehe hier und schaue zu,
will nur leise schweigen.

Zum feuchten Boden schweben sie,
vom leichten Wind getragen.
Tiefe Wärme hüllt mich ein,
es verstummen alle Fragen.

Glück und Frieden kann ich spüren,
überall um mich herum.
Den Moment genieß ich nun,
bleibe hier - ganz still und stumm.

Die Sonne malt am Firmament
einen Hoffnungsstreifen mir.
Am Liebsten würd' ich ewig weilen,
bleibe nun ganz einfach hier.

Doch langsam zieht die Nacht heran,
sanfte Nebelschwaden wallen.
Ich dreh mich um und gehe heim,
es hat mir wirklich gut gefallen.

Halloween

Nebelschwaden hüllen sanft
die Natur in Watte ein.
Wahrlich richtig schwer
hat es da der Sonnenschein.

Der Vorhang kündigt es schon an,
heut liegt Mystik in der Luft.
Und durch die Häuserschluchten
zieht ein herber Kürbisduft.

Halloween wird dieser Tag
bei den Meisten wohl genannt.
Gespenster, Hexen, Gruselwesen
schleichen hier durch Stadt und Land.

Das Tor zu einer anderen Welt
steht heute einen Spalt weit offen,
und dass uns nichts passiert,
darauf können wir nur hoffen.

Lustig soll das Spielchen sein,
Kinder dürfen sich verkleiden,
doch so manche stumme Seele
wird auch darunter leiden.

Heut ist alles anders -
schau genauer hin.
Vielleicht erkennst du dann
auch den wahren Sinn.

Drei Wünsche

Und wie ich so wanderte
durch Wald und Flur,
sah ich auf einmal
eine leuchtende Spur.

Sie glitzerte
so wunderschön,
verzaubert blieb ich
am Waldrand stehen.

Was ich dann sah,
konnt' ich kaum glauben,
völlig verwundert
rieb ich meine Augen.

Eine kleine Fee
flog hin und her,
sie zu sehen
fiel mir sehr schwer.

Doch dann kam sie plötzlich
auf mich zu
und ihre Flügelchen
kamen schnell zur Ruh.

Auf meinem Arm
ließ sie sich nieder
und öffnete schwungvoll
ihr sanften Lider.

Mit großen Augen
sah sie mich an
und fing ganz plötzlich
zu sprechen an.

»Was wäre,
käme eine Fee vorbei
und du hättest auf einmal
drei Wünsche frei?

Was sind denn
deine größten Fragen?
Magst du sie mir
vertrauensvoll sagen?

Vielleicht werden sie
ja Wirklichkeit,
was passiert
das zeigt die Zeit.«

»Ach, liebe Fee,
drei Wünsche habe ich für dich.
Du wirst sie verstehen -
ganz sicherlich.

Gesundheit für meine Familie,
das wünsche ich mir sehr,
ich hoffe nur, das fällt dir
nicht schwer.

Glücklich sein
in meinem Leben -
dafür würde ich
so vieles geben.

Und mein dritter Wunsch,
das wäre die Liebe auf der Welt,
dass Einer
zu dem Anderen hält.«

Ich schaute sie
ganz flehend an.
»Mal sehen, was ich
für dich tun kann«.

Sie öffnete die Flügel
und schwang sich in die Luft,
zurück blieb nur
ihr zart süßer Duft.

Und wie verzaubert
ging ich nach Haus.
»Kleine Fee, hoffentlich
machst du was draus«.

Und darum werde ich
die Hoffnung nie aufgeben,
dass sich die Wünsche erfüllen
in meinem Leben.

Kleine Seele

Flieg, kleine Seele,
fliege dahin -
auch wenn ich ohne dich
sehr einsam bin.

Lass die Schmerzen
nun einfach gehen -
ich schau in den Himmel
dort werd ich dich sehen.

Du fliegst wie ein Licht
in dunkler Nacht
und leicht wie ein Engel,
der über mich wacht.

Flieg kleine Seele,
gehe voran
und irgendwann später,
folg ich dir dann.

Nebel - Leben

Jeden neuen Tag im Leben,
such ich mich selbst auf dieser Welt.
Einen Ort muss es doch geben,
an dem es mir so gut gefällt.

Wer bin ich? Wo will ich hin?
Wo fühlt sich mein Herz geborgen?
Macht das alles einen Sinn?
Wann verschwinden alle Sorgen?

Was ich oftmals nur noch sehe,
sind Menschenmassen um mich rum -
die ich alle nicht verstehe.
Ich blick auf sie ganz still und stumm.

Wann wird sich der Nebel schleichen?
Und die Sonne wieder strahlen?
Wann werden all die Wolken weichen?
Wann verschwinden meine Qualen?

Die Zeit soll alle Wunden heilen -
doch so leicht ist es doch nicht.
So werd ich einfach hier verweilen -
mit meinen Tränen im Gesicht.

Das Fenster

Öffne dein Fenster ein kleines Stück
und lass die Sonne zu dir hinein.
Sie bringt dir ein wenig Glück -
es wärmet dich der helle Schein.

Genieße die Vögel, die für dich singen -
hell und schön und wunderbar -
ein frohes Ständchen wollen sie dir bringen.
Die Luft ist rein und herbstlich klar.

Freue dich an jedem Tag ein wenig mehr -
was er dir bringt, wirst du schon sehen.
Vielleicht ist dann alles nicht so schwer -
wenn wir den Weg gemeinsam gehen.

Verdrehte Welt

Wenn die Welt sich spiegelt
und alles wirkt verdreht -
wenn nichts mehr richtig scheint
und nichts mehr weitergeht.

Wenn das Schicksal über dich
und über deine Träume lacht -
und ganz egal, was du auch tust,
alles keinen Sinn mehr macht ...

Dann gibt der schiefen, grauen Welt
doch einfach einen kleinen Tritt -
raff dich auf und gehe weiter,
nimm deine Träume einfach mit.

Lass dich nicht ärgern, sag ich dir!
Scheiß doch einfach auch mal drauf
und ganz egal was du auch machst,
das Leben nimmt eh seinen Lauf.

Der versprochene Engel

Einen Engel schick ich dir heute Nacht.
Einen Freund, der über deine Träume wacht.
Neben deinem Bette wird er stehen
und mit dir ins Traumland gehen.

Schöne Gedanken wird er dir bringen,
trägt dich sanft auf seinen Schwingen.
Grüne Wiesen kannst du genießen,
laufen über Gras mit nackten Füßen.

Die Sonne wirst du glitzern sehen,
sanft soll der Wind über deine Wange wehen.
Der Engel dort an deiner Hand,
führt dich durch dieses schöne Land.

Deine Sorgen kannst du ihm erzählen,
all die Dinge die dich quälen.
Deine schwere Last schenke nun ihm,
das, was dir heute so sinnlos schien.

Er gibt dir etwas dann zurück:
Ein Säckchen voller Licht und Glück.
Und morgen sollst du froh erwachen -
dir mal keine Sorgen machen.

Die Sonne wird für dich am Himmel stehen!
Positiv sollst du in die Zukunft sehen!
Denn dieser Engel wird immer bei dir sein,
niemals lässt er dich allein!

Auf und ab

Ebbe und Flut
sind die Gezeiten vom Meer.
Mal geht' s uns gut,
mal fällt's uns schwer.

Auf und nieder
geht es im Leben -
und es wird immer wieder
gute und schlechte Momente geben.

Warme Sonne und kalten Regen -
das alles braucht die Welt.
Glück und Trauer bestimmen unser Leben,
auch wenn es uns mal nicht gefällt.

Manchmal bläst der Wind so fest,
mitten ins Gesicht.
Oftmals ist das nur ein Test,
doch man bemerkt es nicht.

Und man kann mit starkem Wind
auch zu den Sternen fliegen,
dann träumt man wie ein kleines Kind
und lernt, den Tag zu lieben.

Ganz egal, was auch passiert im Leben,
ob es bergauf geht oder nicht.
Es wird immer schöne Momente geben!
Öffne deine Augen und schau ins Licht!

Zeiten

Manches was mir einmal wichtig war,
das ist heute nicht mehr wahr.
An vieles denk' ich gar nicht mehr,
loszulassen fällt sehr oft schwer.

Menschen, die mich früher zogen
scheinen mir heute unecht und verlogen.
So manches gehört nun der Vergangenheit -
vergessen ist die alte Zeit.

Ich will nur nach vorne schauen
versuchen, wieder zu vertrauen.
Alles Schlechte will ich vergessen,
mich nicht mit anderen Menschen messen.

Ich will nur ich selber sein -
ganz real und nicht zum Schein.
Ich will mein Leben glücklich leben
und Menschen wieder Liebe geben.

All das soll mir die Zukunft bringen!
Ich will lachen, tanzen, singen.
Und genau damit fang ich jetzt an
ich weiß bestimmt, dass ich das kann.

Die Vergangenheit lass' ich nun hinter mir -
denn die Gegenwart ist für mich hier.
Die Zukunft sehe ich irgendwann,
was passiert, das weiß ich dann.

Das Zeichen des Sieges

Ich sitz' in der Ecke
und starr' an die Wand,
dann mach' ich so Zeichen
mit meiner Hand.

Zwei Finger nach oben
das sieht aus wie Ohren ...
doch ehrlich gesagt -
fühl ich mich verloren.

Was soll denn das Spielchen?
Wozu mach ich denn das?
Ich starre ins Leere,
das macht keinen Spaß.

Doch plötzlich erkenn' ich
das V an der Wand,
das Zeichen des Sieges -
macht das meine Hand?

Bin ich denn der Sieger
hier in meinem Leben?
Kann's denn noch mehr
als nur Wände geben?

So stehe ich auf
und schaue mich um -
verlasse die Ecke.
Das ist mir zu dumm!

Das V nehm' ich mit -
trag's immer bei mir.
Ich leb' nun mein Leben!
Und ... was ist mit dir?

Hinfallen

Hinfallen, aufstehen, weitergehen -
so sagt man leicht dahin.
Doch werde ich es je verstehen?
Wo ist dabei der Sinn?

Die Zeiten ändern sich
und nichts bleibt, wie es war.
Doch, was bedeutet das für mich?
Wann wird mir das nur klar?

Viele Gedanken überall -
sie drehen sich nun rundherum.
Was ist nur, wenn ich fall'?
Schreie ich? Oder bleib' ich stumm?

Musik dringt leise an mein Ohr -
erinnert mich an eine frühere Zeit.
Ewig vergangen kommt sie mir vor.
Bin für Veränderungen ich bereit?

Loszulassen wäre ganz wichtig!
Doch es ist nun mal so schwer -
aber ich weiß, es wäre richtig!
Warum leid' ich dann so sehr?

Neues tut der Seele gut!
Ich lass' die Vergangenheit nun ruhen.
So nehme ich zusammen all meinen Mut
und stehe auf, um es zu tun.

Gedanken für dich

Fühlst du dich gerade
traurig und allein?
Scheint die Welt dunkel,
ohne Sonnenschein?

Denkst du einfach so
ein bisschen vor dich hin
und scheint die Zukunft dir
so völlig ohne Sinn?

Hast du Angst
vor den Träumen dieser Nacht?
Und dass keiner hier
an deinem Bette wacht?

Liegen dir deine Sorgen
sehr schwer im Magen?
Dann will ich dir dazu
nur Eines sagen:

Irgendwo gibt es eine Seele,
die gerade an dich denkt
und dir in Gedanken
jetzt ein kleines Lächeln schenkt.

Glaube in diesem Moment
einfach mal ganz fest daran -
dann wird es dir vielleicht
sogleich im Herzen warm.

Irgendwo da brennt jetzt auch
für dich ein kleines Licht,
denn diese eine Seele
nein, sie vergisst dich nicht.

Drei Geister

Drei Geister in deinem Leben
habe ich erkannt.
Sie begleiten dich auf allen Wegen,
gehen Hand in Hand.

Die Hoffnung soll für immer
an deiner Seite sein.
Manchmal sichtbar nur als zarter Schimmer.
Doch bist du mit ihr nicht mehr allein.

Geduld zu haben
ist nicht immer leicht,
doch zählt auch sie zu diesen Gaben -
hast du mit ihrer Hilfe doch schon viel
erreicht.

Der dritte Geist in dieser Runde
das ist die Zeit.
Zählt doch im Leben jede Stunde.
Sei für alle drei bereit.

Sie sind nicht böse oder gut,
wirken einfach ganz neutral.
Doch schenken sie dir Kraft und Mut.
Es ist deine eigene Wahl!

Nimm sie als Freunde an -
sie helfen dir auf deinen Wegen.
Wunden heilen irgendwann,
doch musst du ihnen eine Chance geben.

Held

Manchmal, wenn die Traurigkeit
den Blick so sehr verdunkelt -
ist es wahrlich an der Zeit
für einen echten Held.

Wenn die Schatten fließen
und die Sonne nicht mehr scheint,
wenn wir nur die Augen schließen
weil ein jedes davon weint ...

Dann braucht man eine Hand,
die alle Schatten schnell besiegt.
Sie führt dann durch ein Wunderland,
durch das man einfach fliegt.

Wenn man den rechten Weg verliert
und nicht mehr weiter kann,
wenn man trotz Sonnenschein erfriert ...
Wer bricht dann diesen Bann?

Es ist denn einfach an der Zeit
für einen neuen Held.
Er kämpft gegen die Vergangenheit,
weil nur die Zukunft zählt!

und dieser Held - er ist ganz nah.
Schau dich einfach um -
dann werden Wunder wahr.
Es ist so schön um dich herum.

Menschen die dich wirklich lieben
und diese Dunkelheit durchbrechen,
sie wollen alle mit dir fliegen,
denn so ist wohl ihr Versprechen.

Nimm die Hand von deinem inneren Kind
und lass sie nie mehr los -
fort treibt euch dann der Wind
und deine Wünsche werden groß.

Fliegt hinauf zum Sternenzelt
und fühlt das Glück nun dort zu zweit.
Ach so wunderschön ist deine Welt,
schau mal hin, denn es wird Zeit!

Riesenrad

Mal hinauf und mal hinab
oder rauf und runter -
hält das Leben uns auf Trab -
manchmal müde und mal munter.

Es drehen sich Gedanken
oft rundherum im Kreise -
behindern uns die Schranken
manchmal laut und oftmals leise.

Es spielt das Schicksal gerne
mit uns gar lustig Federball -
blicken sehnsuchtsvoll dann in die Ferne,
haben trotzdem keine Wahl.

Wie im Riesenrad auf einem Fest
fühlt sich dann das Schicksal an.
Ist das alles nur ein Test,
ob ich selbst was ändern kann?

Man weiß das alles wirklich nicht
und macht doch munter weiter -
wischt die Tränen vom Gesicht,
lächelt dabei froh und heiter.

Schwarz und Weiß

Mal gewinnt man -
und mal nicht.
Ohne Schatten
gäb's kein Licht.

Ohne Regen und auch Sonne
keinen Regenbogen -
Glück und Trauer sind dabei
innig selbst verwoben.

Ohne schlechte Momente
kann es auch keine guten geben,
so muss es dann wohl sein
in jedem wahren Leben.

Denn ohne Schwarz
gäb's auch kein Weiß -
die herrlich bunten Farben
sind dafür Beweis.

Immer weiter und noch weiter
muss es dabei gehen,
kann ich manches hier auf Erden
auch noch nicht verstehen.

Drum nimm vom Guten
dir dein Stück
und schau nach vorn -
nicht zurück.

Hochzeitstag

Tränen des Glücks
aus Freude vergossen,
einen wundervollen Moment
habe ich genossen

Denn wenn ein Lächeln
eine Träne umgibt
und man sich fühlt,
als ob man fliegt,

dann haben sich
Sonne und Regen innig verwoben
und spannen sich kraftvoll
zum leuchtenden Bogen.

Diese Momente,
die so glücklich machen,
dass meine Augen
mit der Sonne um die Wette lachen,

spürte ich bei meiner Hochzeit
so ganz tief in mir -
denn da wurde aus dem DU und ICH
für alle Zeit ein WIR.

Farbenspiel des Himmels

Die Farben der Sonne
zaubern den Himmel bunt -
und ein sanftes Lächeln
umspielt meinen Mund.

Ich schau in den Himmel
und genieß den Moment -
es leuchtet so hell,
als ob er brennt.

Rot und Gelb
so traumhaft schön -
noch für einen Augenblick
bleibe ich reglos stehen.

Mein Kopf so leicht
und einfach leer -
dieses Farbenspiel
lieb ich so sehr.

Ich träume mich hinauf
und fliege mit,
so federleicht
ist nun mein Schritt.

Das Spektakel dort oben
beginnt zu verblassen -
so wunderschön,
ich kann es kaum fassen.

Tief in mir
bleibt dieses Bild bestehen -
und ganz beruhigt
kann ich nach Hause gehen.

Verweile

Halte inne und verweile,
bremse ab und schau dich um.
Wir sind immer so in Eile,
so viel Stress um uns herum.

Nimm dir 'nen Moment,
nur ganz für dich allein,
an einem Platz, den keiner kennt,
dort kannst du dir sicher sein.

Halte deine Füße still
und genieße was du siehst.
Frage, was dein Körper will,
und vor was du täglich fliehst.

Und spürst du dann das Feuer
ganz tief in deiner Brust,
es ist das Ungeheuer,
was du bekämpfen musst.

Geh beschwingt und froh zurück
und glaube fest an dich -
in dir selber ruht nun das Glück
du findest es ganz sicherlich.

Die Muschel am Strand

Die Muschel liegt allein am Strand
und wartet still auf eine Hand.
Eine Hand, die sie mit Respekt berührt,
damit sie die wahre Liebe spürt.

Die Sonne wärmt und gibt ihr Kraft,
damit sie die Zeit ohne Liebe auch schafft.
Die Wellen tragen sie hin und her,
das Warten fällt der Muschel schwer.

Doch plötzlich greift eine Hand nach ihr
»Ich halte dich und bleib bei dir!«
Das wird ihr zärtlich dann versprochen,
ein liebendes Herz hat zu ihr gesprochen.

Garn des Lebens

Der Faden läuft durch meine Hand -
ist manchmal bunt und auch mal trist.
Das Muster wurd' noch nicht erkannt,
weil es noch nicht fertig ist.

Der Plan des Lebens - scheint es mir -
das soll mein Kunstwerk sein.
Auch mal Fehler gibt es hier,
nur perfekt ist so der Schein.

Kleine Löcher oder Knoten
sind auch einige zu sehen -
ist doch wahrlich nicht verboten -
nicht jeder kann das auch verstehen.

Ach könnt' ich manchmal doch
mein Leben rückwärts stricken,
stopfen dann das große Loch
und nur nach vorne blicken.

Doch muss ich einfach weitermachen
durch meine Finger läuft der Faden -
ab und zu dann glücklich lachen
und was Verrücktes wagen.

Und wenn mein Lebensstück beendet ist
bleibt es ein Teil von dir mein Kind.
Ich hoffe, dass du mich nie vergisst
mein Gedanken-Garn verweht im Wind.

Kind in mir

Und manchmal wohnt ein Kind in mir.
Spürst du deines auch in dir?
Es will glücklich sein und lachen -
verrückte Dinge will es machen.

Im Regen durch die Pfützen springen
und dabei auch ganz lauthals singen.
Schokolade auf dem Sofa essen
und all die Sorgen mal vergessen.

Mit dem Teddy schlafen gehen
und nicht immer nur die Welt verstehen.
Einfach auch mal kindlich sein
und nicht verbittert wie aus Stein.

Dieses Kind ist tief in meinem Kopf
und ab und zu drückt es den Knopf,
dann will es raus, nimmt meine Hand
hast du das Kind in dir auch schon erkannt?

Telefon

Ich wähl' deine Nummer -
ich rufe dich an.
Es klingt und klingelt,
doch du gehst nicht ran.

Ich mache mir Sorgen.
Ist was passiert?
Wenn du nicht mehr bist -
was dann aus mir wird?

Kein Mensch, der redet
oder einfach nur hört,
da wäre kein Mensch,
den mein Geplapper nicht stört.

Und auch keine Antwort
nie wieder ein Rat -
ohne dich wäre
mein Leben sehr hart.

Wo wäre die Stimme,
die meinen Namen nur sagt
und mich dann so fröhlich
nach meinem Befinden befragt.

Kein fröhliches »Hallo,
schön, dass es dich gibt«.
Und keine Seele mehr,
die mein Herz so sehr liebt.

Was wäre denn nur,
wärest du nicht mehr hier?
Sag mir doch jemand,
was würde aus mir?

Doch plötzlich geschieht es,
ich höre dein Wort
und all meine Sorgen
fliegen einfach hinfort.

Alles ist richtig,
denn dir geht es gut.
Und du weißt gar nicht,
wie gut mir das tut.

»Hallo«, sag' ich
meine Stimme ist rau
und was ich nun fühle
spürst du ganz genau.

Wie schön ist es doch,
dass ich dich anrufen kann.
Und ich weiß jetzt
du gehst auch ran.

Möge es ewig
und immer so bleiben -
auch wenn wir manchmal
am Hörer nur schweigen.

Doch ich kann dich fühlen
und du bist bei mir.
Das wollt ich dir sagen,
darum schreib' ich es hier.

Bilder

Ich träum mich
an einen anderen Ort -
einfach so
mal von hier fort.

So schau ich mir
die Bilder an,
die ich einst schoss
mal irgendwann.

Erinnerungen
regen sich -
ein jeder kennt das,
sicherlich.

Was damals war
gefiel mir sehr -
doch ist das nun
schon lange her.

Jahre vergehen
doch so geschwind,
Träume verfliegen
im Sommerwind.

Doch Bilder, die bleiben
im Kopf schön bestehen -
dort kann ich sie immer
und immer wieder sehen.

So lächle ich zaghaft
über die Vergangenheit -
denn Bilder, sie bleiben
überdauern die Zeit.

Das Herz am Strand

Ein Herz lag einsam
dort am Strand,
bis einer kam
und es dann fand.

Er nahm es hoch
und hielt es fest.
Für beide war das hier
ein Test.

Er zeigte ihm
die schönsten Plätze
und auch ein paar
versteckte, bunte Schätze.

Das Herz war glücklich,
das zu sehen
und mit dem Freund
ein Stück zu gehen.

Doch eines Tages
war's vorbei –
da trennte sich
das Band der Zwei.

Das Herz liegt nun
erneut am Meer
und Warten
fällt ihm wahrlich schwer.

Wer nimmt das Herz
und hält es warm?
Wer trägt es sicher
auf seinem Arm?

Und zeigt ihm
Freundschaft, Liebe, Glück
von seinem Weg
ein kleines Stück?

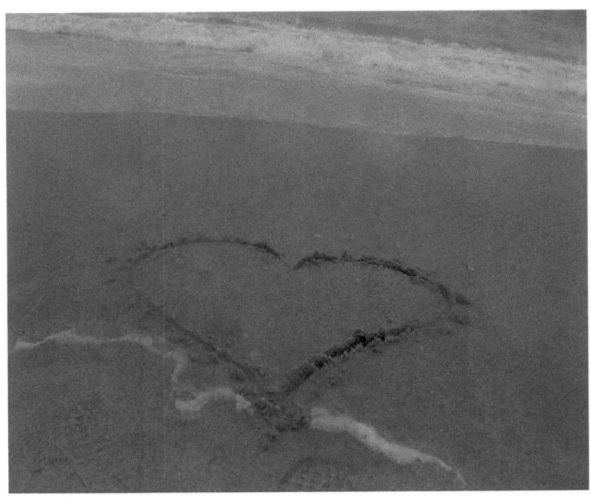

Lebensleiter

Wir machen immer weiter -
jede Nacht und jeden Morgen -
kämpfen traurig oder heiter
gegen alle uns're Sorgen.

Einfach nur so liegen bleiben,
nein - das zählt nun wirklich nicht.
Lieber trotzig Zähne zeigen
mit einem Lächeln im Gesicht.

Der stete Kampf ist unser Leben -
so erreicht man dann sein Ziel.
Bunte Träume will ich weben,
Mut und Kraft braucht man sehr viel.

So spinn ich meinen Faden weiter -
jeden Tag ein kleines Stück.
So geht es auf der Lebensleiter -
nur nach vorn und nicht zurück.

Kalter Weg

Manchmal so eisig und kalt
kann der Weg des Lebens sein.
Dann verlieren wir den Halt,
fühlen uns einsam und allein.

Tiefe Zweifel stehen
ins Gesicht geschrieben
»Muss ich wirklich da lang gehen?
Wäre ich doch lieber hier geblieben.«

Doch alles hat wohl einen Sinn -
auch wenn wir ihn oft nicht sehen.
Ob Verlust oder Gewinn -
immer muss es weiter gehen.

Und manchmal ist da eine Hand,
sie ist da und gibt dir Halt -
hast du sie erst einmal erkannt,
sicher, warm und gar nicht kalt.

So geh den Weg, was auch geschieht.
Freunde halten dich ganz fest.
Da ist die Hand, die dich nach oben zieht
und dich niemals fallen lässt.

Fahrrad

Ein Fahrrad stand im hohen Gras -
bunte Blumen rund herum.
Es hatte dabei sehr viel Spaß -
der Lenker stand ein bisschen krumm.

Gern träumte es von vergangener Zeit,
denn es war schon ziemlich alt -
so schön war die Vergangenheit
auf Wiesen, Feldern und im Wald.

Es hat so vieles schon gesehen
auf seinem Weg durch diese Welt -
konnte manches nicht verstehen
was ihm auch heute nicht gefällt.

Ein bisschen Rost - hing hier und da
so manches Teil schon ausgetauscht -
die Reifen neu - wie jedes Jahr -
und Wind, der durch die Speichen rauscht.

Der Lack türkis mit Blumendruck,
sein buntes Sommerkleid,
es liebte diesen schönen Look
und die Frühlingszeit.

Und plötzlich kam noch eins daher -
sein Lack war dunkelblau.
Sie kannten sich von früher mal -
einander ganz genau.

Schon damals mochten sie sich sehr -
doch wurden sie getrennt.
Es fiel den beiden damals schwer,
was man dann wahre Liebe nennt.

Nun hat der Zufall sie vereint -
an diesem schönen Sommertag.
Ein Zeichen - wie es mir so scheint,
weil ich die echte Liebe mag.

Nun träumten sie - Rahmen an Rahmen
von einer längst vergangenen Zeit
und Wegen, die sie damals nahmen -
ach, wie schön war es zu zweit.

Nie mehr wollen sie sich trennen
und ihren Weg gemeinsam gehen -
weil zwei Seelen sich kennen
und sich blendend auch verstehen.

So stehen sie dort - Tag für Tag -
auf diesem Wiesenstück.
Weil eins das andere mag
und träumen von dem großem Glück.

So manches Mal im Leben

So manches Mal im Leben
fühlst du dich so winzig klein,
steht ohne Schirm im kalten Regen
und fühlst dich einsam und allein.

Der Berg vor dir scheint riesengroß
mit Sorgen voll bestückt.
»Wie werd' ich diesen jetzt nur los?
Ich glaub, ich werd verrückt«.

Der Blick verschleiert, trübe Sicht,
ich weiß nicht ein noch aus.
Wenn alles bald zusammenbricht,
wer holt mich nur hier raus?

Doch plötzlich scheint ein heller Strahl,
die Wolken zu durchbrechen -
er lindert meine schwere Qual
und schenkt mir sein Versprechen.

»Glaub an dich und deine Kraft
dann öffnet sich auch eine Tür
Und wenn du es dann doch noch schaffst
dann danke mir dafür.«

Im nächsten Leben ...

Im nächsten Leben
werd' ich Hund!
Und dafür gibt es
auch 'nen Grund.

So ein Hund,
der braucht kein Telefon -
dem reicht oft auch
das Schnuppern schon.

Er schaut mal hier,
dann riecht er da
und manchmal
werden Wunder wahr.

Und wenn er dann
zu Hause ist,
und schmatzend gern
sein Futter frisst,

dann ist die Welt
ganz wunderbar
dann geht er schlafen
- alles klar.

Meine Gedanken

Meine Gedanken fliegen weit,
tragen meine Sehnsucht fort.
Fliegen jetzt durch Raum und Zeit,
ganz weit weg zu einem fernen Ort.

Die tiefe Sehnsucht brennt
wie ein Feuer stark und heiß -
dessen Namen keiner kennt,
von der keine Seele weiß.

Das Sehnen wird zur Sucht -
immer wieder, immer mehr.
Wie oft hab ich sie verflucht,
doch fällt es mir so schwer.

Lass sie los, oh, lass sie gehen -
schicke sie auf ihre Reise.
Irgendwann wirst du's verstehen.
Einfach so, auf deine Weise.

Sternennacht

Bitterkalt ist diese Nacht,
doch tausend Sterne kann ich sehen.
Ich habe nur an dich gedacht,
ach könntest du mich nur verstehen.

Sag mir, was dich traurig macht,
erzähl mir deine Sorgen.
Warum du nicht mehr glücklich lachst?
Meine Hand will dich dir borgen.

Ich will dir ein bisschen Wärme geben,
halte dich ganz fest an mir.
In Gedanken zu den Sternen fliegen,
so bin ich ganz nah bei dir.

Öffne nun dein schweres Herz
und lasse mich hinein.
Vergessen sollst du deinen Schmerz,
ein wahrer Freund will ich dir sein.

Soll diese sternenklare Nacht
nur schöne Gedanken für dich bringen
und einen Engel, der an deinem Bette wacht,
soll in deinen Träumen singen.

Der Blumenstrauß

Einen Strauß fand ich am Strand,
der Besitzer ist mir unbekannt.
Wo kommen diese Blumen her,
die dort liegen nun am Meer?

Ob Jemand ihn wohl hier verlor?
Wo war der Jemand denn zuvor?
Oder hat er ihn gar weggeschmissen,
zusammen mit ganz vielen Küssen?

Ist die Liebe jetzt Vergangenheit?
Nicht mehr hier, sondern ganz weit?
Oder kam er gar vom Meer?
Das zu glauben fällt mir schwer.

Ganz egal, woher er kam
ihn nehm' ihn zärtlich in den Arm
und rette ihn vor dieser Flut,
das Wasser tut ihm gar nicht gut

Vielleicht kann ich die Liebe retten
und ihn auf weichen Sand nun betten
Vielleicht wird dann alles wieder klar
ich tu es jetzt - denn Liebe ist so wunderbar.

Geduld

Geduld ist eine Tugend -
das sagt sich so dahin.
Und irgendwo - so glaube ich,
hat das auch einen Sinn

Doch ist nun ausgerechnet diese
nicht wirklich leicht zu leben -
die Zeit vergeht recht langsam,
manch Schönes soll es geben.

So kämpft man täglich seinen Kampf -
oft Stunden oder Tage.
Warum das alles nur so ist -
das ist die große Frage.

Man sät so manches trock'ne Korn
in viele ausgesuchte Töpfe -
daran verzweifeln oft
nicht nur die hellen Köpfe.

Geduld ist eine Tugend -
was hat man nun davon?
Wo ist der ganze Sinn?
Was ist der Leidenslohn?

Geduld mein Kind, so wart' doch ab –
du wirst es bald schon sehen.
Wenn du die Pflanzen spießen siehst,
dann wirst du es verstehen.

Gedanken des Nachts

Sie kommen des Nachts
heimlich und leise -
nun sind sie hier
und drehen sich im Kreise.

Gedanken verschlossen,
ganz tief in mir drin -
und manche davon,
haben nicht mal 'nen Sinn.

Ich kann nicht mehr schlafen
sie geben nie Ruh' ...
ich öffne die Augen -
mach' sie wieder zu.

Dann seh' ich dein Bild
du schaust mich nur an -
ich frage mich nun,
was ich da lesen kann.

Sie funkeln und strahlen
wie die Sonne im See
wie die Sterne des Nachts,
die ich gerade seh'.

Ich kann dich fast hören,
wie du zu mir sprichst,
und mir dabei beinahe
meine Seele zerbrichst.

Ich schließe die Box,
sperr' die Bilder dort ein.
Dort sollen sie ruhen
und sicher auch sein.

Der Regen

Der Regen fällt auf unsere Stadt -
die Menschen rennen stumm umher.
Sie haben dieses Wetter satt
und glücklich sein fällt ihnen schwer.

Regenschirme kann ich sehen,
sie tanzen durch die Straßen,
manche bunt und wunderschön,
Farbtupfer in den Gassen.

Alles scheint so grau in grau,
doch versteckt hat sich die Sonne nur,
hinter den Wolken ganz genau
ich spüre ihre zarte Spur.

Und plötzlich reisst die Wolke auf,
einen Regenbogen kann ich sehen,
ich schau zum Himmelszelt hinauf
und möchte nur darüber gehen.

Dann wär' die Welt ganz kunterbunt,
das Farbenspiel beginnt
zum Traurigsein gäb's keinen Grund,
weil jeder stets gewinnt.

In deinen Farben mal die Welt
ob rosa, blau oder auch grün,
mach' es so wie's dir gefällt,
mal sie dir wunderschön!

Und die Regenschirme tanzen munter,
durch das graue Häusermeer,
dadurch wird die Welt viel bunter
und das liebe ich so sehr.

Herzensmensch

Ein Freund ist der,
der dich versteht
und deinen Weg
so mit dir geht.

Er meldet sich
mal dann und wann –
wenn er halt meint
er wär' dann dran.

So redet man,
versteht sich sehr –
ist doch auch nett,
was will man mehr?

Doch gibt es da
noch andere Seelen,
auf diese kann man
wirklich zählen.

Sie fragen dich:
»Wie geht es dir?
Du warst schon lang
nicht mehr bei mir.

Kann ich was tun?
Erzähl doch mal.«
Bei diesem Mensch
bleibt keine Wahl.

Er interessiert sich sehr,
und hört dir zu -
und wenn du's brauchst
schenkt er dir Ruh'.

Er fühlt und spürt
»Da läuft's nicht rund«
Er fragt dann sanft:
»Was ist der Grund?«

»Dein Herzensmensch«
kann man sie nennen
weil sie dich echt
von Grund auf kennen.

Sie sind so wichtig
auf der Welt,
in der so oft
die Freundschaft fehlt.

Erkenn die Menschen -
sie tun dir gut.
Sie schenken Glauben,
Kraft und Mut.

Schließ sie ganz sanft
in deinem Herzen ein -
dann wirst du niemals
einsam sein.

Danksagung

... ja, die soll hier nun geschrieben werden, wie immer, am Ende eines Buches. Und ich habe einigen Menschen zu danken.

Zuallererst meiner Familie, meinem Mann, meiner Mutter und meiner Schwiegermutter, die immer an mich glauben und mich auf meinem Weg begleiten.

Ein herzliches DANKE geht an meine lieben und treuen Freunde, die an meiner Seite sind und mir ihre Hände reichen, wenn ich mal nicht weiter kann oder den Weg nicht mehr erkenne. Auch danke ich Euch für die Inspiration – ohne Euch gäbe es so manches Gedicht hier nicht.

Und natürlich danke ich auch all meinen treuen Fans und Lesern, die mich immer wieder bestätigen, weiterzumachen und nicht aufzugeben. Ohne EUCH gäbe es mich nicht! Daher danke ich Euch besonders und hoffe sehr, ihr bleibt mit treu.

Namentlich erwähnen möchte ich an dieser Stelle sehr gerne meinen Coverdesigner Dennis E. Wilken, der mir mit Geduld und guter Laune bei der Gestaltung des Covers zur Seite stand und auch Christiane Böbel, die meine lyrischen Ergüsse mit ihrem fachlichen Wissen bereichern konnte und – ihr seid die Geburtshelfer dieses Lyrikbandes.

Auch ganz besonders erwähnen möchte ich Nadja R., die immer an mich glaubt und sich auch stundenlang über meine geistigen Ergüsse mit mir unterhält. Ebenso wie Irmgard A., der ich sehr viel in meinem Leben zu verdanken haben.
Schön, dass es Euch gibt!

... und auch ein Dank an alle Autoren aus meiner Umgebung, die mich immer wieder ermutigen weiterzumachen und an mich zu glauben – danke Autorenfamilie!

Schön, dass es Menschen wie EUCH gibt!

DANKE

Weitere Bücher von mir ...

Brennende Liebe von Christina Stöger

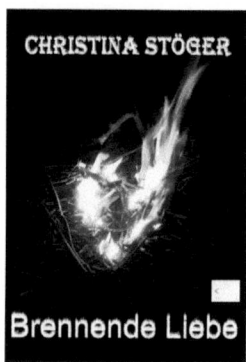

Ein packender Liebesroman
Keine Beziehung? Nun ein One-Night-Stand? War es
wirklich das, was sie wollte? Chrissy hat sich
unsterblich verliebt, natürlich wieder in den
vermeintlich Falschen. Aber weiß man das vorher?
Vielleicht wird ja doch noch alles gut?

Und somit begibt sie sich in ein Abenteuer, das ihre
Welt verändern wird - denn Liebe brennt nicht nur im
Herzen...

144 Seiten, **Verlag:** Edition Paashaas Verlag EPV;
Auflage: 1., Auflage (1. August 2013)
ISBN-10: 3942614529
ISBN-13: 978-3942614528

Ein Glas Leben von Christina Stöger:

19 Kurzgeschichten - ein mörderisch guter Cocktail
zum Abschalten vom Alltag.
Begleiten Sie die Autorin auf eine Reise durch Leben,
Liebe und Tod. Denn ein Glas Leben hat viele
Facetten und bringt Spannung, Unterhaltung und
auch den einen oder anderen Mord.

Dieses Buch ist so vielfältig, wie das Leben selbst.
Geschichten aus dem Alltag, die Abwechslung bieten.
Ob Schutzengel, Feuerteufel, der eigene
Schweinehund oder gar eine Handy freie Zone - denn
nichts ist spannender als das wahre Leben.

184 Seiten **Verlag:** Edition Paashaas Verlag EPV;
Auflage: 1 (14. Mai 2014)
ISBN-10: 3942614766
ISBN-13: 978-3942614764

Mia und der blaue Schal von Christina Stöger

Nach einem misslungenen Selbstmordversuch wird
Mia Falter in die psychosomatische Klinik am Meer
eingewiesen und lernt dort die Psychologin Katharina
Pescado kennen. Die Sitzungen sind erfolgreich und
nach einiger Zeit beginnt Mia ihr neues Leben. Doch
es ist nicht so einfach, wie sie es sich vorgestellt hat.
In ihrer Umgebung passieren einige Morde, in die sie
verwickelt zu sein scheint – allerdings kann sie sich
nicht erinnern, diese gesehen zu haben, geschweige
denn, dass sie als Zeugin eine Aussage dazu machen
könnte ...

240 Seiten **Verlag:** Books on Demand; Auflage: 1 (31.
März 2015)

ISBN-10: 3734744954

ISBN-13: 978-3734744952

Ich will dich, aber … von Christina Stöger

Nach der Trennung von ihrem Ex Freund Florian glaubt Anja ihr Leben im Griff zu haben - neuer Job, neue Wohnung und der Umzug aufs Land. Für Männer scheint es in ihrem Leben keinen Platz zu geben , bis … Emma und ihr Verlobter Alex in ihr Leben treten. Und plötzlich ist alles anders. Anja lässt sich auf das Liebesspiel von Alex ein und eine heiße Affäre beginnt. Doch … kann das gut gehen?

Eine heitere, emotionale und erotische Liebeskurzgeschichte aus der Sicht der Protagonistin gewährt dem Leser Einblicke in das Liebesleben einer jungen Frau, die zwischen Verlangen und Schuldgefühlen hin und her gerissen ist.

ca. 160 Seiten – Erscheint 2015 / 2016

1980 in Hamburg geboren, lebt Christina Stöger glücklich verheiratet nun im Süden Deutschlands. Ob im Café oder beim Spaziergang mit ihrem Hund – immer ist sie bereit, von Freunden erlebte Geschichten oder eigene Gedanken und Gefühle mit  großer Emotion zu Papier zu bringen. Lyrik und Prosa schreibt sie mit viel Herz und Gefühl.
Nach abgeschlossener Fachhochschulreife und IHK-Abschluss zur Bürokauffrau widmet sie sich seit 2010 dem geschriebenem Wort.
In ihrem Lyrikbuch »Momente des Lichts – lichtvolle Lyrik« gewährt sie durch ihre Texte und eigenen Bildern einen kleinen Einblick in ihre Welt und versucht, einen Moment der Ruhe in dieser schnelllebigen Zeit zu schaffen.
2013 erschien ihr Liebesroman «Brennende Liebe» und 2014 die Kurzgeschichtensammlung »Ein Glas Leben« beim epv-Verlag.
2015 folgte der Psychothriller »Mia und der blaue Schal« im Selbstverlag.
2015 / 2016 erscheint »Ich will dich, aber ...«, eine heitere, emotionale und erotische Liebeskurzgeschichte.
http://christinas-buchstabenmeer.blogspot.de/